EO SCHEINDER

ZEITENSPRÜNGE

Aphorismen

zur Welt und zum Menschen

SALONIS-VERLAG BERLIN

Sämtliche Aphorismen der Sammlung
ZEITENSPRÜNGE
wurden in den Jahren 1997 bis 99 in
eos-o-ton
den fliegenden Blättern für Aphorismen
veröffentlicht.

© 2002 by Salonis-Verlag, Berlin
Gesamtherstellung: Books on Demand, Norderstedt
ISBN 3-8311-4654-3

Das Ziel der Suche
aber ist,
mit sich
und den Dingen
in Einklang zu stehen
– die Schwingung der Welt
in ihren mannigfaltigsten Ausprägungen
zu erspüren
und sich
von dieser Schwingung
tragen zu lassen.

Denn das ist
die wahre Leichtigkeit
und nebenbei genau das,
was den Zauber
und die hohe Wirksamkeit der Musik
seit Urzeiten,
spätestens aber seit Orpheus,
ausmacht.

Was an der Welt,
also dem ganzen Kosmos
– neben der Vielfalt
und der Schönheit –
am meisten beeindruckt
und immer wieder staunen macht,
ist ihre quasi
unüberschaubare Größe,
ihre schier unendliche
Ausdehnung.
Und zwar nach allen
Richtungen
und in allen Dimensionen.
So unscheinbar klein
ist der Mensch gegenüber
den elementaren Kräften der Natur
und ist dabei
schon mehr
als komplex genug.

Wer die Welt,
die Dinge und die Abläufe
verstehen will,
muß
notwendigerweise
ein Gefühl für Dimensionen
und Rhythmen
entwickeln
und ebenso
für die begrenzte Rolle,
die er im
Großen Spiel
dabei selber einnimmt,
bzw. einnehmen kann
und einnehmen will.

Dem Menschen
ist es
mittels seiner Sinne
gegeben,
die Struktur der Dinge
auszuhorchen –
und zwar
innerhalb
eines sehr weiten
Spektrums.

Wenn
etwas kreativ ist,
dann die Kreatur.

Das eigentliche
Geheimnis des Lebens,
das in der unübersehbaren
Vielfalt und Buntheit
seinen sichtbaren
Ausdruck findet,
besteht darin,
daß das Leben
formbare Masse ist,
die den Impuls
zur Formung
in sich trägt.

Muß
man neidlos
zugeben.

Die Natur
hat die besten
Ingenieure.
Sie verfügt
allerdings
auch über Zeit
im Überfluß
und
ihr Laboratorium
ist ein ganzer
Planet.

Das
Große Spiel.

Leben
–
das ist
die Vielzahl
und die Vielgestalt
an Strategien
der Evolution.

Die Mischung
macht's.

Leben
–
noch einmal
umso knapper
auf den Punkt
gebracht –
das ist die Differenz
zwischen Chaos und Ordnung
– oder um es
anschaulicher zu sagen:
die Synthese
aus zielloser Energie
und geordneter Erstarrung.

Ordnung und Chaos.

Die Welt
ist eine höchst wundersame Mischung
aus Begrenztheit(en)
und Unbegrenztheit(en).

Alles fließt.

Das Sein
– in der unüberschaubaren
Totalität
der vielfältigsten
Erscheinungsformen gedacht –
muß immer auch
die Dynamik des Werdens
in sich
mit einschließen.

Ein Gegensatz?

Geist und Materie
– ein Paar,
das einander
bedarf:
Der Geist benötigt
die Materie
zum Wachstum,
die Materie hingegen
benötigt den Geist
zur Organisation.

Geist
macht nur dann
einen Sinn,
wenn er es vermag,
erfolgreich
auf (widerstrebende) Materie
einzuwirken.

Geist
könnte als die Kraft
und die Fähigkeit
zur Selbstformung
angesprochen
werden.

Und manchmal
hört man
in
der Großen Stille
das reine Fließen
(und Plätschern)
der Zeit.

Dem Menschen
ist es gegeben,
seine Sinne,
Kräfte
und Fähigkeiten
so zu organisieren
und so zu verfeinern
und aufeinander
abzustimmen,
daß sie größtmöglichen
Sinn
machen
– ebenfalls aber auch,
daß sie sich
fortwährend blockieren
und gegenseitig
in Schach halten
und eben
keinerlei Sinn
ergeben.

Sind
so viele
Ebenen und
Perspektiven.

Im übrigen
ist die Weisheit
der Wahrheit
vorzuziehen.

Wellenbewegungen.

Das Selbstverständliche
hinterfragen
und sich
dabei stets aufs neue
klarwerden
—

das ist
der Schlüssel
zur
Weisheit.

Das Bewußtsein
und
mehr noch
das Selbstbewußtsein
ist immer
eine Sache
der Bewußtmachung
–
und damit
der Bewußtwerdung.

Die Magie
des Augenblicks.

Nur wer
die Dynamik
der (natürlichen) Abläufe
in sich aufnehmen
und in ihrer kraftvollen,
d.h. durchdringenden
Intensität
auch zu spüren
vermag,
erfährt etwas
von der Magie
des Augenblicks
–
des ganz und gar
Gegenwärtigen.

Wenn man sich
Gott
oder das Göttliche
in personaler Form,
um nicht zu sagen als Person,
vorzustellen versucht,
stößt man auf Schwierigkeiten,
die sich nur in einem Paradox
auflösen lassen,
weil dabei der zugrundeliegende Begriff
seine eigenen Grenzen
überspringen muß,
und damit selbsttranszendent wird.
Denn das Göttliche könnte
gerade als diejenige Eigenschaft
(und Erfahrungswirklichkeit)
gefaßt werden,
mit einer unbegrenzten
Zahl von Wesen
gleichzeitig, quasi unabhängig
und unbeeinflußt nebeneinander,
in einen persönlichen Kontakt
und in eine direkte,
einmalige Beziehung
treten zu können.

Je mehr
die Sinne geschärft
werden,
umso tiefer
dringen die Außenreize
auch durch
– und gerade die feinen
und eher stillen
dringen tief ein
und intensivieren
die Wahrnehmung.

Der Weg
der Eindrücklichkeit
ist
schwierig
und schmerzhaft.

Aber er ist der einzige Weg.

Gefordert werden.

Leben
heißt vom Prinzip her,
sich in Widrigkeiten
zurechtzufinden
mit der Maßgabe
sich auch durchzusetzen;
mit anderen Worten
sich also gerade
gegen Widerstände
und Widrigkeiten zu entfalten.
Und zwar gilt dies,
wie es sich eigentlich
von selber versteht,
nicht allein
im Bereich
der Tiere und Pflanzen.

Die ewige Wiederkehr.

Das Leben
in seiner ganzen Breite
ist ein merkwürdiges,
gar grausames Spiel.
Der Einsatz
ist das Leben,
der Lohn
das Überleben
und der (ausgesetzte) Preis
das Weiterleben
in den Genen
—
zu genießen
im Augenblick der Paarung,
der lustvollen Vereinigung.

Wenn
die Welt
keinen anderen
Sinn
oder auch Zweck
hätte
als den einen,
nämlich
damit schöne Musik
erfunden werde,
dann hätte die Welt
damit schon
an Sinn
mehr als genug.

Person.

Dies Wort
so selbstverständlich gebraucht,
bis zur Bedeutungslosigkeit entleert,
daß kaum einer mehr weiß weiß,
was dies Wort
einst bedeutete.
Person kommt vom lateinischen
personare,
was soviel heißt
wie durchtönen.
Eine Person ist also
ein lebendiges Wesen,
das die Eindrücke,
die von außen einströmen
und durchrauschen
in sich vernehmen
und erspüren kann,
so als wäre sie
– die Person –
ein äußerst sensibler
Resonanzboden
der von außen
durchdringenden
Ereignisse.

Die Intensität
des Wahrnehmens

–

mehr noch
als die Art der Erlebnisse
selbst

–

ist es,
was die Menschen
am nachhaltigsten
von einander
unterscheidet.

Lebensfreude.

Das eigentliche Glück
aber ist,
wenn man es lernt,
den eigenen Pulsschlag
zu genießen,
d.h. willentlich erspüren
zu können
– im unablässig
rhythmischen Schlag.
Das muß es
auch sein,
was die Tiere
so zufrieden macht
– selbst unter schwierigen Umständen.

Der bunte Katalog des Seins.

Wenn das Leben in seiner unermeßlichen
Vielfalt und Vielgestalt dem zerrissenen
Menschen der modernen Zeit
etwas zu sagen hat,
dann vielleicht dies:
An Nischen, Strategien und Lebensräumen
gibt es gar viele,
wie ein Blick auf Verbreitung und Gestalt des
Lebens auf diesem Planeten zeigen mag;
tröstlich und dabei anregend
zu wissen.
Allerdings
ist es unerläßlich, sich in die
jeweiligen Gegebenheiten
einzufügen, sofern man sich
der vorhandenen Möglichkeiten
bedienen will.
(Stets ist die effektive Anpassung
zunächst die Voraussetzung für den Erfolg und
damit auch der Schlüssel
für jegliche Form von Souveränität.)

Der innere
und der äußere Weg.

Den inneren Palast erschließen –
dies ist vielleicht nicht
der Sinn des Lebens,
aber nichtsdestotrotz
eine große Herausforderung
und eine anstrengende,
dabei spannende und
höchst lohnende Aufgabe;
ergiebiger und
zufriedenstellender aber
als mit aller Energie,
mit der ganzen Entschlossenheit
und mit aller Schläue
nur nach äußeren Palästen
zu spähen
und nicht eher zu ruhen,
bis man endlich
ein solches Luxusobjekt
sein Eigen
nennen darf.

Was ist
der Mensch?

Ein zerbrechliches
und verletzbares
aber auch ungeahnt zählebiges Zellbündel
mit eingebautem Verfallsdatum.
–
Darüber
wußte man
im "finsteren" Mittelalter
sehr viel mehr
als heute.

Was angenommen
werden muß.

Als Mensch
fährt man immer
mit einem Boot,
das man
selbst nicht gemacht hat.
Man kann aber
immerhin
in einem gewissen Rahmen
steuern und
in einem begrenzten Umfang
sogar Umbauten
vornehmen.

Des
Lebens Raum.

Die
Wirklichkeit
ist
die Sphäre der Bewährung.

Leben

–

so heißt
das Angebot,
Menschen,
Natur,
ja das ganze Leben
und gerade
auch sich selbst
als Person
in seiner
quasi unbeschränkten
Vielfältigkeit zu entdecken
– um zu erkennen,
daß alle Formen
und Phänomene
auf ein begrenztes Repertoire
von Typen und Mustern
rückführbar
sind.

Das Ziel
jeder Lebenskunst
muß es sein,
die Widerstände
abzubauen
und die Störungen
fernzuhalten,
die das Aufschwingen
in die Welt des Fühlens
massiv beschweren,
wenn nicht gar
gänzlich
verhindern.

Wie stark
ein Mensch ist

–

und ob er
überhaupt stark ist

–

zeigt sich
nicht an seinen Muskeln
und auch nicht
an seiner Figur
sondern
offenbart sich
allein
in dessen Augen.

Das Leben
ist ziemlich paradox
–

zumindest in vielen Grundzügen
wie etwa
dieses Beispiel zeigt:
zumeist steht man
sich selbst im Wege
und kann doch
so gar nichts dafür;
denn was den Menschen
geformt hat,
verliert sich
im Dunkel
der frühen Jahre.
Und dort
ist allemal
schwer leuchten.

Das Lebensproblem
der meisten Menschen kommt
darin zum Ausdruck,
daß sie wie ein schlecht
ausgehandelter Kompromiß
nur sehr eingeschränkt
funktionieren,
d.h. daß sie gehemmt sind
bzw. gehemmt werden,
und daß es ihnen
daher schwerfällt
die eigene Kraft und Stärke
zu entfalten,
da ihre inneren Regungen und Antriebe
anstatt kooperativ und konzentriert
zusammenzuarbeiten,
fast immer gegeneinander stehen
und sich gegenseitig
in Schach
halten.

Voller Rätsel
und
Ungewißheit.

Das Leben
ist (und bleibt)
für die allermeisten
Menschen
eine Veranstaltung,
die mehr an Fragen
aufwirft,
als sie letztendlich
beantwortet.

Wenig Hoffnung.

Die meisten
Menschen erfahren
zeit ihres Lebens
nie,
was mit ihnen
einst angestellt wurde
und gleichermaßen
begreifen sie
nicht
oder nur
höchst unzureichend,
was sie
zu Lebzeiten
selber
anstellen
bzw. anrichten.

Maskerade

Der Mensch
ist dasjenige Lebewesen,
dem die Fähigkeit
sich zu verstellen,
längst zur zweiten Natur
geworden ist.

(651.)

Ohne Uhr
und Stunde

Die Wirklichkeit
unterscheidet sich
vom Traum
insbesondere dadurch,
daß in ersterer
alles
seine Zeit braucht.
(707.)

.Ständig im Fluß

Die Welt –
das ist diese stete Mischung
aus Vorgängen,
Übergängen
und Untergängen.
Etwas verschwindet,
wenn sich Bedingungen
langsam oder völlig abrupt
verändern;
und etwas anderes
tritt an die freigewordene Stelle
und tritt damit vielfach
überhaupt erst
in Erscheinung.
(820.)

Nicht bloß Worte.

In den frühen Zeiten
war die Sprache
sehr oft noch
unmittelbare Philosophie
– mit anderen Worten:
die Sprache verfügte
über eine bemerkenswerte Tiefe
und ihre Aussagen
waren Deutungen
von Gehalt;
heute
ist die Philosophie
in den meisten Fällen
nur noch Sprache,
vielfach bedeutungsheischendes Wortgeklingel,
um nicht zu sagen:
akademisches Geschwätz.

Immer
ein Teil der Welt.

Man
sollte nicht glauben,
daß man
alle Anregungen,
Gedanken
und Ideen
ganz allein
aus sich selbst heraus
schöpfen
und entwickeln
kann.

Ein besserer Weg.

Und will man
nicht fortwährend
die Dosis
erhöhen,
so sollte man
dahin finden,
seine Empfindungsfähigkeit
zu steigern.

(666)

Auch
heute noch.

Die Welt
ist viel
wunderbarer,
als die Materialisten
(zu wissen)
glauben.

Wunschmaschine

Die technische Zivilisation
mit der Tendenz,
das Leben bequem,
unterhaltsam,
mühelos
und dabei noch
höchst spannend
zu gestalten,
ist die Suche
nach der perfekten
Illusion.

Das unstillbare Verlangen

Der Mensch,
so satt
er auch sein mag,
bleibt immer
ein hungriges Tier